जिज्ञासु
गाय हंगामा

Hindi

मार्सी शेफ़

THE CURIOUS
COW COMMOTION

Hindi

Marcy Schaaf

Dedication:

To Jessy and Jurnee,
the real-life stars of our story,

Your curiosity and sense of adventure have brought joy to our hearts and inspired the tale of "The Curious Cow Commotion." May your days be filled with laughter, love, and many more unforgettable adventures. Thank you for sharing your wonderful moment with us.

समर्पण:

जेसी और जेर्नी को,
हमारी कहानी के वास्तविक जीवन के सितारे,

आपकी जिज्ञासा और रोमांच की भावना ने हमारे दिलों में खुशी ला दी है और "द क्यूरियस काउ कमोशन" की कहानी को प्रेरित किया है। आपके दिन हँसी, प्यार और कई अविस्मरणीय रोमांचों से भरे हों। अपने अद्भुत पल हमारे साथ साझा करने के लिए धन्यवाद।

Once upon a time,
in a cozy little town,
there lived a neighbor named
Mrs. Jenkins.
She had a secret that would
soon be found.

एक बार की बात है, एक आरामदायक छोटे शहर में, श्रीमती जेनकिंस नाम की एक पड़ोसी रहती थी। उसके पास एक रहस्य था जो जल्द ही पता चल जाएगा।

Mrs. Jenkins, you see,
was quite a curious soul.
She loved to explore and
had quite the adventurous
goal.

श्रीमती जेनकिंस, आप देखिए, काफी जिज्ञासु व्यक्ति थीं। उसे खोजबीन करना पसंद था और उसका लक्ष्य काफी साहसिक था।

One sunny morning, she
spotted a sight so rare.
Cows in her neighbor's
yard, grazing without a
care!

एक धूप भरी सुबह,
उसने एक दुर्लभ दृश्य
देखा। उसके पड़ोसी के
आँगन में गायें बिना
किसी परवाह के चर
रही हैं!

To warn her neighbors of this
curious delight,
Mrs. Jenkins picked up rocks,
with all her might.

अपने पड़ोसियों को इस अजीब ख़ुशी से आगाह करने के लिए, श्रीमती जेनकिंस ने अपनी पूरी ताकत से पत्थर उठाये।

She aimed for their window,
hoping they would see,
but with a loud crash,
she hit the sprinkler key.

उसने उनकी खिड़की की ओर निशाना साधा, इस उम्मीद में कि वे देखेंगे, लेकिन एक ज़ोरदार दुर्घटना के साथ, वह स्प्रिंकलर कुंजी से टकरा गई।

The water sprayed high,
a fountain of spray,
and in the midst of the chaos,
the cows began to sway.

पानी तेजी से उछला, फुहारों का फव्वारा फूटा और अफरा-तफरी के बीच गायें झूमने लगीं।

Splish, splash, they danced,
twirling around.
The cows turned the lawn into a wet,
muddy playground.

छींटे, छींटे, वे नाचते रहे, चारों ओर घूमते रहे।
गायों ने लॉन को गीले, कीचड़ भरे खेल के मैदान में बदल दिया।

Mrs. Jenkins panicked,
she needed help fast!
She waved her arms wildly,
hoping her neighbors would be
aghast.

श्रीमती जेनकिंस घबरा गईं, उन्हें तुरंत मदद की ज़रूरत थी! उसने अपनी भुजाएँ बेतहाशा लहराईं, यह आशा करते हुए कि उसके पड़ोसी आश्चर्यचकित होंगे।

Finally, they saw her and rushed to the scene. Their faces turned from shock to curious and keen.

आख़िरकार, उन्होंने उसे देखा और घटनास्थल की ओर दौड़ पड़े। उनके चेहरे आश्चर्य से उत्सुक और उत्सुक हो गये।

"Oh my goodness!" they said,
"Look at this display!"
The cows and the sprinkler turned
this into a special day.

"हे भगवान!" उन्होंने कहा, "इस प्रदर्शन को देखो!" गायों और स्प्रिंकलर ने इसे एक विशेष दिन में बदल दिया।

They all laughed and played in the water's cool embrace.
Mrs. Jenkins had indeed gotten their attention in this wild chase.

वे सभी हँसे और पानी के ठंडे आलिंगन में खेलने लगे। श्रीमती जेनकिंस ने वास्तव में इस जंगली पीछा में उनका ध्यान आकर्षित किया था।

Together, they herded the cows
back to their farm,
thanking Mrs. Jenkins for keeping
them from harm.

साथ में, उन्होंने गायों को अपने खेत में वापस ले जाया, और उन्हें नुकसान से बचाने के लिए श्रीमती जेनकिंस को धन्यवाद दिया।

The cows waved their tails,
saying goodbye with glee.
Mrs. Jenkins was the hero of
the day, as far as the eye
could see.

गायों ने अपनी पूँछ हिलाकर प्रसन्नतापूर्वक अलविदा कहा। जहाँ तक नज़र जा सकती थी, श्रीमती जेनकिंस उस दिन की हीरो थीं।

From that day forward,
Mrs. Jenkins was known,
as the lady who saved the
day, now with a cow of
her own.

उस दिन के बाद से,
श्रीमती जेनकिंस को
उस महिला के रूप में
जाना जाने लगा,
जिसने दिन बचाया,
अब उसकी अपनी गाय
है।

So remember, dear children,
when you see a cow in sight,
be curious like Mrs. Jenkins,
and everything will turn out
just right!

तो याद रखें, प्यारे बच्चों, जब आप किसी गाय को देखें, तो श्रीमती जेनकिंस की तरह उत्सुक रहें, और सब कुछ ठीक हो जाएगा!

The End!

The actual cow !!!

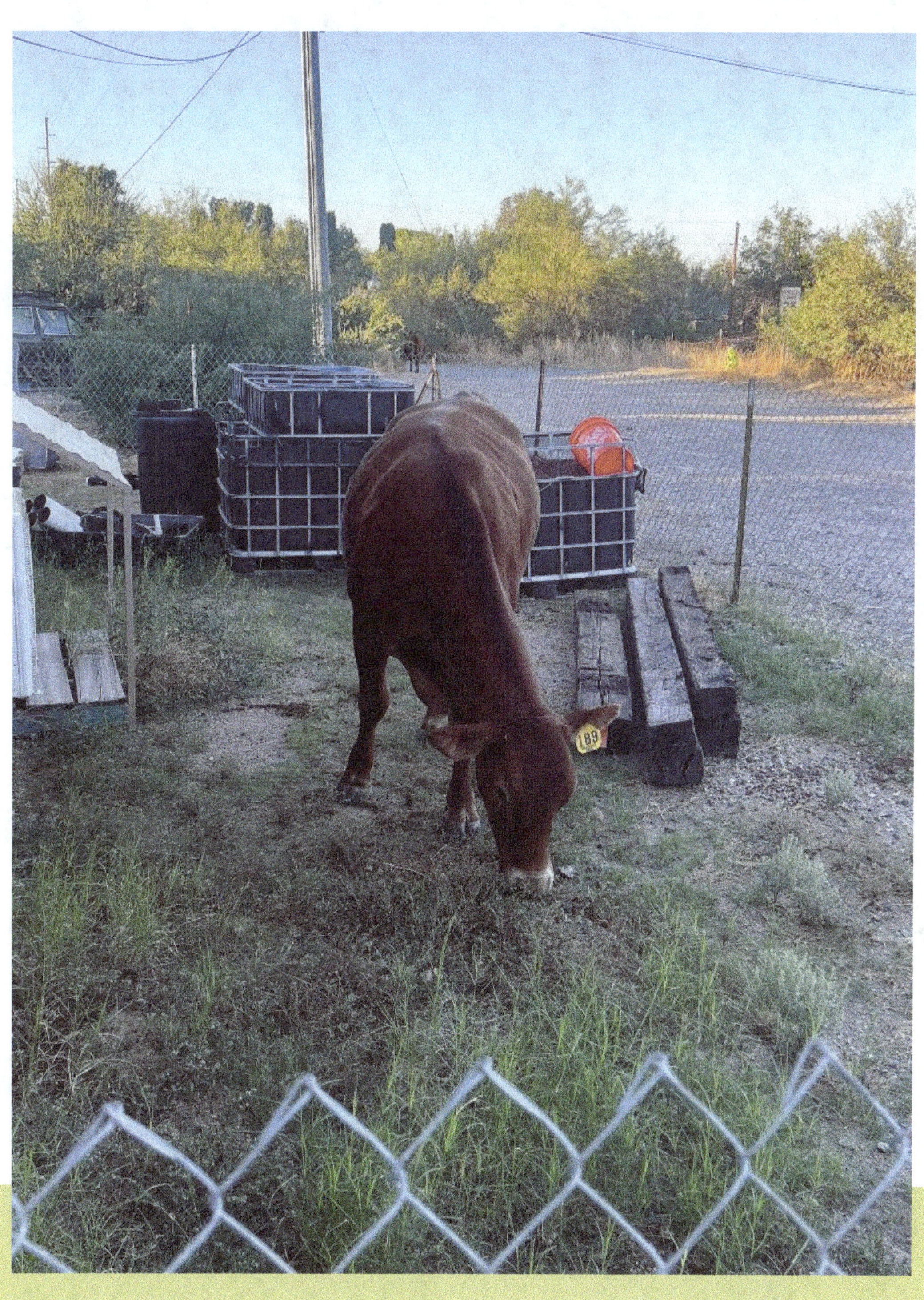

समाप्त!

असली गाय!!!

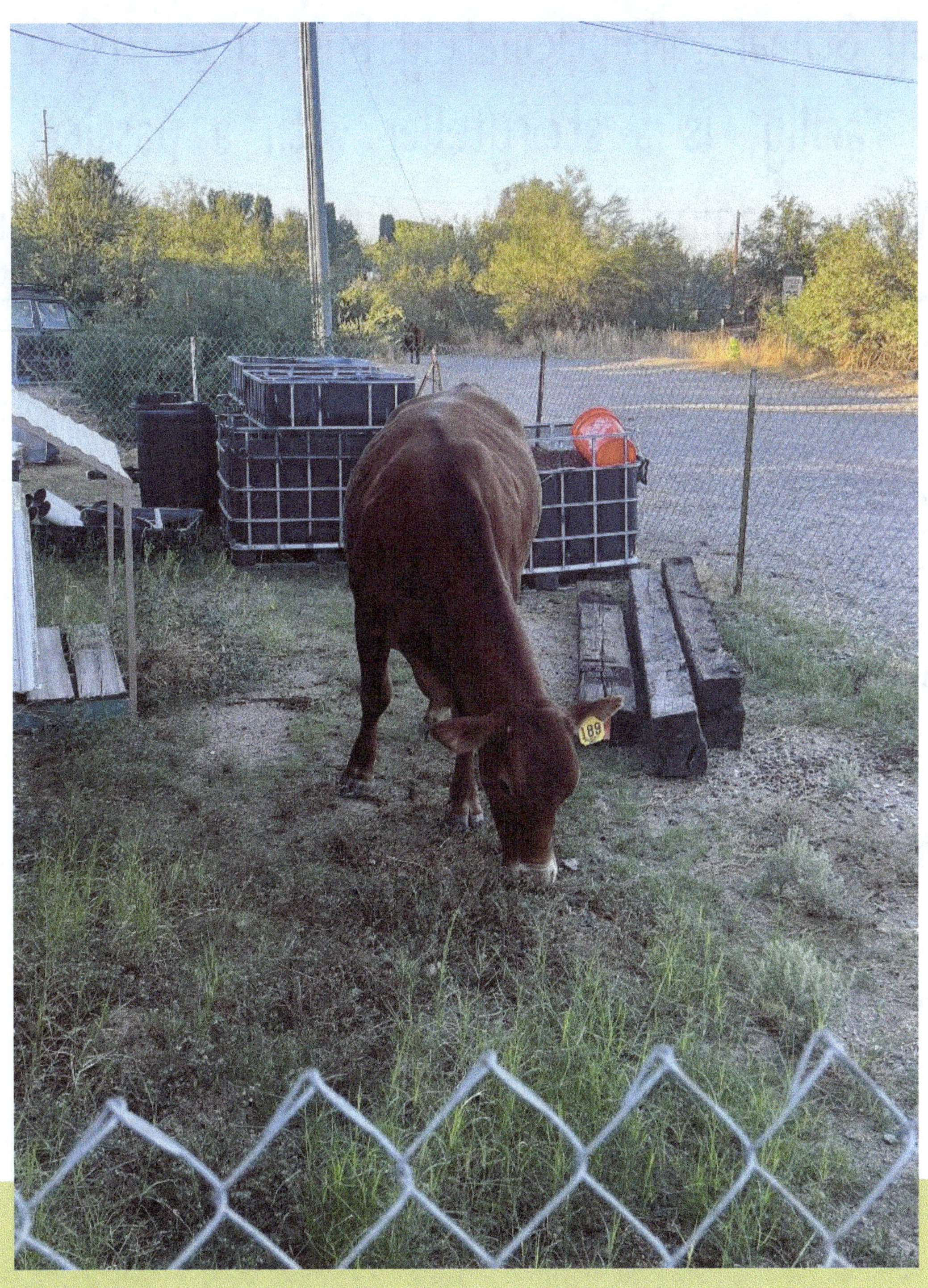

Author Bio:

Marcy Schaaf, affectionately known as "Moo" by her family, is a storyteller with a passion for weaving imaginative tales that enchant young hearts. Marcy finds joy in crafting stories that spark young minds' curiosity and ignite their sense of wonder. When she's not writing charming stories or being called "Moo" by her family, Marcy enjoys exploring and often spends her time traveling the world looking for her next tale. Her hope is that her stories will bring smiles, laughter, and a touch of magic to children all around the world.

लेखक जीवनी:

मार्सी शेफ़, जिन्हें उनका परिवार प्यार से "मू" के नाम से जानता है, एक कहानीकार हैं, जिन्हें युवा दिलों को मंत्रमुग्ध करने वाली कल्पनाशील कहानियाँ बुनने का शौक है। मार्सी को ऐसी कहानियाँ गढ़ने में आनंद मिलता है जो युवा मन में जिज्ञासा जगाती हैं और उनमें आश्चर्य की भावना जगाती हैं। जब वह आकर्षक कहानियाँ नहीं लिख रही होती है या अपने परिवार द्वारा उसे "मू" नहीं कहा जाता है, तो मार्सी को खोज करने में आनंद आता है और वह अक्सर अपनी अगली कहानी की तलाश में दुनिया भर में यात्रा करने में अपना समय बिताती है। उनकी आशा है कि उनकी कहानियाँ दुनिया भर के बच्चों में मुस्कुराहट, हँसी और जादू का स्पर्श लाएँगी।